Caballos de Fuerza/
Horsepower

Hidroplanos/ Hydroplanes

por/by Wendy Strobel Dieker

Consultora de Lectura/Reading Consultant:
Barbara J. Fox
Especialista en Lectura/Reading Specialist
Universidad del Estado de Carolina del Norte/
North Carolina State University

Mankato, Minnesota

Blazers is published by Capstone Press,
151 Good Counsel Drive, P.O. Box 669, Mankato, Minnesota 56002.
www.capstonepress.com

Printed in the United States of America

Library of Congress Cataloging-in-Publication Data
Dieker, Wendy Strobel.
[Hydroplanes. Spanish & English]
Hidroplanos/by Wendy Strobel Dieker = Hydroplanes/by Wendy Strobel Dieker.
p. cm.—(Blazers—caballos de fuerza = Blazers—horsepower)
Summary: "Simple text and photographs describe hydroplanes, their design, and uses—in both English and Spanish"—Provided by publisher.
Includes index.
ISBN-13: 978-0-7368-7731-2 (hardcover)
ISBN-10: 0-7368-7731-2 (hardcover)
1. Hydroplanes—Juvenile literature. 2. Motorboat racing—Juvenile literature. I. Title. II. Title: Hydroplanes.
VM341.D5318 2007
623.82'314—dc22 2006026112

Editorial Credits
Sarah L. Schuette, editor; Jason Knudson, set designer;
Thomas Emery and Patrick D. Dentinger, book designers;
Jo Miller, photo researcher; Strictly Spanish, translation services;
Saferock USA LLC, production services

Photo Credits
AP/World Wide Photos/Kevin P. Casey, 20
Art Directors/Cliff Webb, 11; Sergio Dorantes, 12–13
Corbis/Neil Rabinowitz, 12 (left), 21
Kathy Wyrwas, cover
Shutterstock/Joe Stone, 13 (right), 25
Unicorn Stock Photos/Jean Higgins, 26; V. E. Horne, 22–23, 28–29
Zuma Press/Daren Fentiman, 5; Jim West, 6, 9, 14; US Presswire/Kevin Johnston, 8, 17; Robert Benson, 18–19

1 2 3 4 5 6 12 11 10 09 08 07

Table of Contents

Tabla de contenidos

THE GOLD CUP

Four hydroplanes speed past the starting line. Water sprays behind them. The red and green boat leads.

LA COPA DE ORO

Cuatro hidroplanos atraviesan veloces la línea de salida de la carrera. Detrás de ellos se levanta el agua. La lancha verde con rojo va a la delantera.

It is first around the turn and makes a roostertail. A yellow boat tries to pass. The boats reach speeds of about 140 miles (225 kilometers) per hour.

Es la primera en tomar la curva y hace una cola de gallo. Una lancha amarilla intenta rebasar. Las lanchas alcanzan velocidades de aproximadamente 140 millas (225 kilómetros) por hora.

BLAZER FACT

A roostertail is the spray of water that a hydroplane makes as it turns in the water.

DATO BLAZER

Una cola de gallo es el agua que se levanta detrás de un hidroplano cuando éste vira.

The yellow boat takes the lead. But then *Miss Al Deeby Dodge* comes from behind. Side by side, the yellow boats speed to the finish. *Miss Al Deeby Dodge* wins the Gold Cup!

La lancha amarilla toma la delantera. Pero luego *Miss Al Deeby Dodge* llega por atrás. Lado a lado, las lanchas amarillas avanzan a gran velocidad hacia la meta. ¡*Miss Al Deeby Dodge* gana la Copa de Oro!

FORMULA
THE Ultimate Performance Experience
FORMULA
Powerboats
COLONY MARINE
AL DEEBY

BOAT DESIGN

Hydroplane boats are like airplanes on water. They skim on the surface of the water and look like they are flying.

DISEÑO DE LAS LANCHAS

Los hidroplanos son como aviones sobre agua. Avanzan rozando la superficie del agua y parece como si volaran.

EVINRUDE
MARTINI
RENATO MOLINARI
MARTINI RACING

Picklefork hull/
Casco en
horquilla

Step hull/Casco
escalonado

Hydroplanes have picklefork hulls, step hulls, or V hulls. The hull is a boat's frame. Each hull design helps hydroplanes easily lift out of the water.

Los hidroplanos tienen cascos en horquilla, escalonados o en V. El casco es la estructura de la lancha. Cada diseño de casco ayuda a los hidroplanos a levantarse del agua con facilidad.

BLAZER FACT

Hydroplanes from the 1950s had flat hulls that looked like flying saucers.

DATO BLAZER

Los hidroplanos de la década de 1950 tenían cascos planos que parecían platillos voladores.

V hull/Casco en V

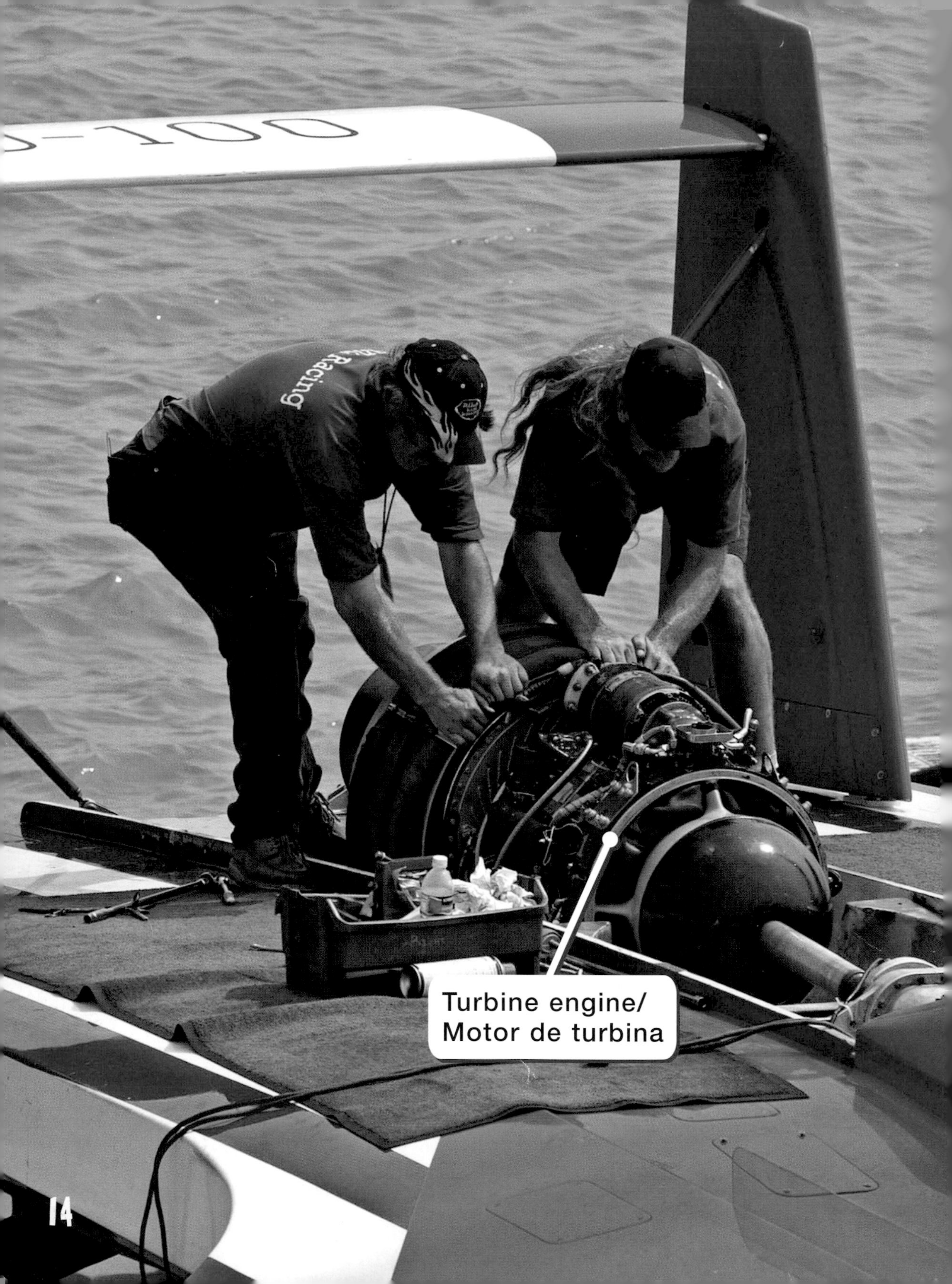
Turbine engine/
Motor de turbina

Two types of engines power hydroplanes. Turbine engines spin propellers under the water. Jet engines burn fuel. The force made from the jet engine pushes the boats forward.

Los hidroplanos usan dos tipos de motores. Los motores de turbina hacen girar hélices debajo del agua. Los motores de propulsión queman combustible. La fuerza generada en el motor de propulsión impulsa a las lanchas hacia adelante.

BLAZER FACT

The first hydroplanes used engines from World War II fighter jets.

DATO BLAZER

Los primeros hidroplanos usaban motores de los jets de combate de la Segunda Guerra Mundial.

THUNDERBOATS

The Unlimited class boats are the most popular racing hydroplanes. Helicopter engines power these loud thundering boats.

THUNDERBOATS

Los hidroplanos de la clase Ilimitados son los más populares. Estas potentes y ruidosas lanchas usan motores de helicóptero.

Sponsons on the hull help steady Unlimited hydroplanes. But because hydroplanes reach such high speeds, blowovers still happen.

Las aletas del casco dan estabilidad a los hidroplanos Ilimitados. Pero debido a las altas velocidades que alcanzan los hidroplanos, aún así hay volcaduras.

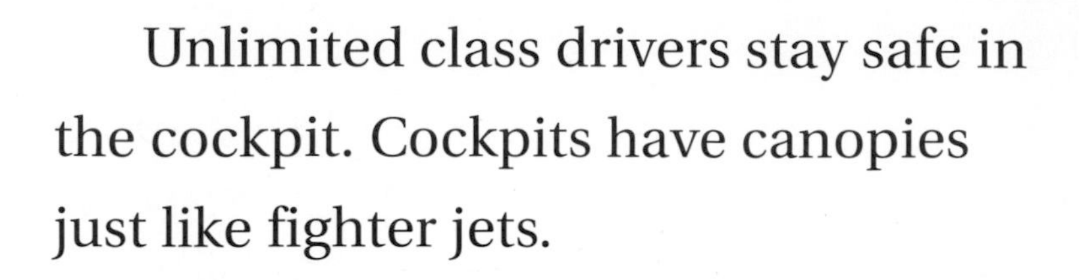

Unlimited class drivers stay safe in the cockpit. Cockpits have canopies just like fighter jets.

Los pilotos de la clase Ilimitados van protegidos en la cabina. Las cabinas están cubiertas como las cabinas de los jets de combate.

Cockpit/Cabina

Hydroplane Parts/ Partes de un hidroplano

Engine/Motor

Cockpit/Cabina

Hull/Casco

SPEED RECORDS

Hydroplanes are built to be fast. They set water speed records on oceans and rivers around the world.

RÉCORDS DE VELOCIDAD

Los hidroplanos están hechos para ser veloces. Establecen récords de velocidad en océanos y ríos en todo el mundo.

KATHIE'S SPECIAL T'S
37
99
TRAVIS AERIAL
1-800-599-2FLY
MERCURY OUTBOARDS
RED LINE OIL

Only a few brave drivers have tried to break the water speed record of around 300 miles (480 kilometers) per hour. But faster hydroplanes are being built every day.

Sólo algunos audaces pilotos han intentado romper el récord de velocidad en agua de aproximadamente 300 millas (480 kilómetros) por hora. Pero cada día se construyen hidroplanos más rápidos.

BLAZER FACT

The Spirit of Australia, driven by Ken Warby, holds the current water speed record.

DATO BLAZER

El récord de velocidad en agua pertenece actualmente a *The Spirit of Australia*, conducido por Ken Warby.

UNLIMITED POWER!/ ¡POTENCIA SIN LÍMITE!

Glossary

hull—the frame or body of a boat

propeller—a set of rotating blades that provide the force to move a boat through the water

roostertail—the spray of water created by a hydroplane as it turns

skim—to glide across a surface

sponson—a piece on the side of a boat that helps keep it steady

Internet Sites

FactHound offers a safe, fun way to find Internet sites related to this book. All of the sites on FactHound have been researched by our staff.

Here's how:

1. Visit *www.facthound.com*
2. Choose your grade level.
3. Type in this book ID **0736877312** for age-appropriate sites. You may also browse subjects by clicking on letters, or by clicking on pictures and words.
4. Click on the **Fetch It** button.

FactHound will fetch the best sites for you!

Glosario

la aleta—una pieza al lado de una embarcación que ayuda a mantenerla estable

el casco—la estructura o cuerpo de una embarcación

la cola de gallo—el chorro de agua creado por un hidroplano al girar

la hélice—un conjunto de aspas giratorias que generan la fuerza para impulsar una embarcación en el agua

rozar—deslizarse sobre una superficie

Sitios de Internet

FactHound proporciona una manera divertida y segura de encontrar sitios de Internet relacionados con este libro. Nuestro personal ha investigado todos los sitios de FactHound. Es posible que los sitios no estén en español.

WWW.FACTHOUND.COM®

Se hace así:

1. Visita *www.facthound.com*
2. Elige tu grado escolar.
3. Introduce este código especial **0736877312** para ver sitios apropiados según tu edad, o usa una palabra relacionada con este libro para hacer una búsqueda general.
4. Haz clic en el botón **Fetch It.**

¡FactHound buscará los mejores sitios para ti!

INDEX

ÍNDICE